はじめてでも上手に作れる！
ハーバリウムづくりの教科書
平山りえ

Prologue

光を集めてきらめく
新しいフラワーアート

ハーバリウムとは、ビンという小さな空間に花をデザインし、
透明なオイルで保存するという、新しいフラワーアートです。

もともとハーバリウムは、
花を保存するための「植物標本」を意味する言葉でしたが、
今ではインテリアとして楽しまれています。

ハーバリウムの良さは、場所を取らず、
水替えも不要という手軽さで、長く花の美しさを楽しめるところ。
花の種類やビンの密封度にもよりますが、
1〜3年は花を美しく保つことができます。

ハーバリウム作りにおいて誰もが課題としたことは、
「オイルの中で浮きやすい花材を、どうやって定位置に配置するか」
「より花を輝かせるために、ビンの中に光の通る空間をいかにあけられるか」
ということでした。

そうはいっても、花材を全て固定させると、
花がふわふわと漂うハーバリウムの魅力を損ねてしまうので、
「流動性を保ちつつ、花材を自在に配置する」という条件のもと、
たくさんの新しい技法を編み出しました。

本書では、それらのオリジナル技法を
プロセス写真とともに丁寧に解説しています。

はじめてハーバリウムを作る方はもちろん、
もっとグレードアップして人と違うハーバリウムを
作ってみたい方まで、この1冊があれば、
ハーバリウム作りをもっと楽しんでいただけると思います。

平山りえ

Herbarium in the light

Life filled with flowers

Contents

2　Prologue
4　Herbarium in the light
6　Life filled with flowers
10　準備するもの
12　オイルの種類と使い分け
14　花材の選び方
16　ハーバリウムにおすすめの花材

Chapter 1

ベーシックなハーバリウム

22　ハーバリウム　基本の作り方
24　たくさん詰め込んでカラフルに
26　モスを敷いてお花をまとめる
28　花束を閉じ込める
30　お花を大きく美しく見せる
32　お花以外のものを使ってハーバリウムにバリエーションを

Chapter 2
色や素材を自由に楽しむハーバリウム

36 追加で準備するもの
38 2層のハーバリウム① 下に色をつける
40 2層のハーバリウム② 上に色をつける
42 自由自在に空間をあける
44 オイルに色を散らす
46 文字を浮かせる
48 らせんに舞う花びら
51 パールとラメを浮かせて

Chapter 3
季節を彩るハーバリウム

56 和　　　　58 バレンタイン
60 母の日　　62 夏
64 クリスマス

Chapter 4
ハーバリウムをもっと楽しむアイデア集

66 キャンドル
68 ランプ
69 ピアス
70 ペンダント
72 フレグランスオイル
74 アロマストーン
76 ハーバリウムを贈る ラッピングアイデア

78 Epilogue

準備するもの

まずは、ハーバリウム作りに必要な道具と材料を揃えましょう。
ホームセンターや100円ショップなど、身近なところで入手できます。
花材やオイルは、花材専門店のネットショップを利用するのもおすすめです。

準備するもの（基本の用具）

ピンセット
花材をビンに入れるときや位置を調整したいときに使う。長いものと短いものの両方揃えておくと便利。

トレー
作業台が汚れないように、オイルがついたピンセットやハサミなどを置くのに使用する。

オイルボトル
注ぎ口にノズルがついているので、狭い口のビンにオイルが注ぎやすくなる。

ハサミ
花材などを切るときに使用する。刃先が細い園芸用が使いやすくておすすめ。

接着剤
広がりやすい花材をまとめたり、束ねた花材を固定したりするときに使う。

ビニールシート
オイルがこぼれることもあるので、作業台に敷く。特にシリコンオイルは落ちにくいため、使用するのがおすすめ。

あると便利なもの

ティッシュ、キッチンペーパー
オイルがこぼれたときや、オイルを捨てるときに使用する。

油こし
オイルに入った花材の破片やホコリなどを取り除くときに使用する。

材料

花材
ドライフラワーまたはプリザーブドフラワーなどの脱水処理された花材を使用する。詳しくは14ページを参照。

オイル
オイルは少量から購入可能。花材店やオイル専用の通販サイトなどで入手できる。詳しくは12ページを参照。

ビン
オイルが漏れないよう、ふたがしっかり閉まるものを使用する。花材店や通販サイトなどで入手できる。

ビンの選び方

ハーバリウムでは、ふたがしっかり閉まる調味料用のビンがよく使われています。
ここでは、代表的な6つのタイプを紹介します。ビンを替えると、
同じ花でも違った表情を見せてくれます。

円柱
もっともスタンダードな円柱形のビン。オイルを入れると、光の屈折で花を大きく見せることができる。花そのものの形をはっきり見せたいときは不向き。

四角柱
スタンダードな四角柱形のビン。花そのものの大きさのまま形をはっきり見せたいときにおすすめ。すっきりと引きしまった印象になる。

電球形
人気の電球形のビン。オイルを入れると、光の屈折によって花がかなり大きく見える。ビンの中の空間が広いため、花の位置取りは難易度高め。

猫ビン
底が2つあり、斜めに傾けたままでも立たせることができる。バラやヘリクリサムなど、厚みのあるヘッドのみの花と相性がよい。

ウイスキーボトル
薄型で面が広いのが特徴。ストーリー性のあるデザインにしたいときにおすすめ。別名はスキットル。ジニアなどの大きく開いた花を入れても映える。

台形
底にかけて広くなるので、デザインのメインを底に持ってくるとバランスがとりやすい。スタイリッシュな雰囲気にしたいときにおすすめ。

オイルの種類と使い分け

種類	特徴	粘度
流動パラフィン70	別名ミネラルオイルとも呼ばれ、ベビーオイルにも使われている。粘度が低く、オリーブオイルのようにサラサラしているのが特徴。	低い 70
流動パラフィン350	化粧品や塗料の剥離剤としても使われている。粘度が高く、メープルシロップのようにもったりしているのが特徴。	高い 350
シリコンオイル	温度による影響を受けにくく、安定性が高いのが特徴。機械類の潤滑油やコーティング剤としても使われている。	高い 350

 シリコンオイルと流動パラフィンを混ぜると白濁します。ボトルに移すときは、混ざらないように注意しましょう。「ハーバリウム専用オイル」として売られているものは流動パラフィン350が多いようです。

ビンの中でお花を動かしたくない場合は粘度の高いものを、お花が揺れるのを楽しみたい場合は、粘度の低いものを使いましょう。本書では、粘度350のメープルシロップのようにもったりしたオイルを使用しています。

ハーバリウムで一般的に使われるのは無色透明・無臭のオイルです。
ここでは、代表的なオイルを３種類ご紹介します。粘度が低くサラサラしたものや、
もったりした粘度の高いものなど、それぞれの特徴を活かして選びましょう。

比 重 (水を1.0としたときの重さ)	曇 点 (オイルが曇り始める温度)	処分の仕方
0.85	0℃前後	可燃物 中性洗剤で洗える
0.88	0℃前後	可燃物 中性洗剤で洗える
0.97	－40℃前後	可燃物 中性洗剤で落ちにくい
オイルの比重の違いは、花の浮き沈みに影響します。プリザーブドフラワーのようにオイルが染み込みやすい花の場合、流動パラフィンでは沈みますが、シリコンオイルでは浮きます。⇒ 詳しくは15ページを参照。	流動パラフィンは寒いところでは白く曇る場合がありますが、常温になると透明に戻ります。寒い地域にお住まいの方は注意が必要です。シリコンオイルは曇点が低いため、通常の環境では曇ることはないでしょう。	食用油と同じく、排水溝に流すのはNG。流動パラフィンは中性洗剤で落とせますが、シリコンオイルは落としにくいので注意。捨てるときは、キッチンペーパーやティッシュに染み込ませて燃えるゴミに出しましょう。

花材の選び方

ハーバリウムに使える花材の種類や、ビンに入れる前の処理の仕方、
花材選びで失敗しないための注意点など、お花に関する基礎知識をまとめました。

ドライかプリザの花を選びましょう

◯ ドライフラワー
自然の花を観賞用に乾燥させたもの。自然な風合いが魅力ですが、壊れやすいので取り扱いに注意が必要。花材店や手芸店で入手できます。

◯ プリザーブドフラワー
生花を脱水処理した後に着色したもの。生花のような華やかな彩りが特徴。ドライフラワーより高価ですが、長持ちします。

✕ 生花はNG
生花は水分を含んでいるため、ハーバリウムに使用するとオイルが濁ったり、カビが生える原因になります。

ビンに入れる前にお花を整えましょう

枝のある花
カスミソウやアジサイなど、小枝が分かれているものは、花が取れて枝だけになっている部分があるので、ハサミで切っておきましょう。

ヘッドだけの花
ローズやカーネーションなどヘッドだけを使う花は、あらかじめ茎を切っておきましょう。

葉もの
ルスカスガーデンやピトスポラムのような葉ものは、ビンに入れると密集してしまうので、ランダムに間引いておくとよいでしょう。

ビンに入る大きさの花を選びましょう

一般的にハーバリウムに使用するビンの口の直径は約2cm前後ですが、直径が2cm以上ある花でもビンに入ります。右の写真のように花の裏側からビンに押し込むので、花の直径ではなく、花のがく(裏側のふくらみ)の大きさを確認しましょう。

ただし、ジャスミンのように花弁の硬い花は、ビンに入れる際に花弁が閉じずに折れてしまうことも。また、花弁が散りやすい花も注意が必要です。

花のがくがビンの口より小さいものを選びます。

花の中央部分をゆっくり押してビンの中に入れます。

オイルとお花の浮き沈み

12ページで説明したオイルの比重の違いにより、プリザーブドフラワーは、流動パラフィンが染み込むと沈みますが、シリコンオイルに入れた場合は時間が経っても沈みません。ドライフラワーは、どちらのオイルに入れても浮きます。作りたいデザインによって使い分けましょう。

流動パラフィンにプリザーブドフラワーを入れたもの。

シリコンオイルにプリザーブドフラワーを入れたもの。

プリザの白いお花は色が抜けやすい！

白いプリザーブドフラワーはほかの花と合わせやすくて便利ですが、右の写真のジニア白のように中にはオイルにつけると数時間で透明になってしまうものもあります。

一方で、チューベローズのように白色が薄くなりますが、比較的長く色が残るものも。ソリダゴやカスミソウの白、ドライフラワーの白などはオイルに入れても色が残ります。

ビンにプリザーブドフラワーのジニア白を入れたもの。

流動パラフィンを入れると花びらが透明に変化しているのがわかる。

オイルに花の色が溶け出すことも

プリザーブドフラワーの中には、花を染めている色素が水溶性か油溶性かによって、オイルに入れると花の色が溶け出してくるものもあります。水溶性の色素の場合は色が出ませんが、油溶性の色素の場合は、流動パラフィンに入れると色素が溶け出してしまいます。

一方、シリコンオイルは花の色落ちが少ないので、色落ちが気になる場合は、シリコンオイルを使うのがおすすめです。

流動パラフィンにプリザーブドフラワーを入れたもの。

シリコンオイルにプリザーブドフラワーを入れたもの。

ハーバリウムに
おすすめの花材

代表的なドライフラワーとプリザーブドフラワーをご紹介します。
ハーバリウムでよく使われる直径2cmの口のビンに入るものを集めました。
花材選びで迷ったときの参考にしてみてください。

ヘッドのみの花

ヘッド部分のみ一輪ずつカットされた花は、
ビンの中で存在感を放ち、デザインの決め手になります。

ローズ
約2〜3cm

ハーバリウムに人気のローズはたくさんのカラーがあり、メインの花として使うのがおすすめ。

ジニア
約3.5〜5cm

マットな色彩が可愛らしい印象の花。オイルに入れると花びらが半透明になるので、白は避けること。

小菊
約3cm

1つ入れるだけで和の雰囲気をチャーミングに演出できる。カラーはピンクやホワイト、イエローなどがある。

アスター
約3.5〜4.5cm

やや大きめの花だが、花びらが取れにくくビンに入れやすい。ピンク、グリーンなどカラーも豊富。

ミニダリア
約3〜4cm

ビビッドなカラーが多く、可愛いらしいデザインに向いている。花びらが落ちやすいので取り扱い注意。

千日紅
約2〜3.5cm

ドライフラワーにしても色があせにくく、花びらも落ちにくいので扱いやすい。ピンクやレッドもある。

カーネーション
約4〜6cm

小ぶりなものと大ぶりなものがある。1輪で使うのはもちろん、花びらだけを入れても素敵な仕上がりに。

アジサイ
約12〜15cm（一房）

ハーバリウムでもっともポピュラーな花。1色使いと2色使いがあり、メインでもサブでも使える万能選手。

長い茎の花

高さのあるビンを使うときは、長い茎の花が大活躍。高低差をつけてカットすれば主役に、花が小さいタイプのものは名脇役にもなります。

ローズ
約20〜30cm

生花よりシックな色合いが魅力のドライフラワーのローズ。アンティークな雰囲気にしたいときに便利。

ヘリクリサム
約35〜50cm

華やかで存在感があり、メインに向いている。ハーバリウムに人気が高く、ヘッドのみでも販売されている。

フーセンポピー
約35〜50cm

特徴のある形なので、メインで使うのがおすすめ。花の先が閉じているので空気が内包され、浮きやすい。

イモーテル
約30〜35cm

1つの枝に花が複数ついており、そのまま使うのはもちろん、ヘッドのみで使っても可愛くなる。

スターフラワー
約30〜40cm

色数豊富で使いやすい小花。茎の長さを活かしたデザインのほか、ヘッドのみでも使える。

アマレリーフラワー
約30〜40cm

色数豊富で差し色に便利。丸いボタンのような花が特徴。可愛らしいデザインにしたいときにおすすめ。

エリンジューム
約30〜40cm

大きく存在感があるのでメイン向き。シックなデザインにしたいときにおすすめ。ほかにグリーンもある。

クリスパム
約30cm

小さい花が密集して、程よい存在感がある。ほかの花に合わせやすい名脇役。ピンク、ホワイトなどがある。

ローダンセ
約30cm

繊細な花びらや淡い色合いがはかなげな印象。花が取れやすいので取り扱いには注意が必要。

ソリダゴ
約30〜40cm

たくさんの蕾がメインの引き立て役に◎。蕾が取れやすいので要注意。パープル、グリーンなど色数も豊富。

モリソニア
約40cm

カスミソウより少し大きめの花粒でしっかりとした軸が特徴。軸が柔らかく花束を巻きつけるときに便利。

イクソディア
約40〜45cm

小花が数輪ついているナチュラルな雰囲気の花。長いまま使っても短くして束ねても使いやすい。

オレガノ・ケントビューティー
約40cm

紫の小さな蕾が可憐な印象。ほかの花と合わせるのはもちろん、シンプルにメインで使っても可愛い。

ニゲラ・オリエンタリス
約50cm

チューリップのような花が存在感バツグン。色数が豊富でほかにピンク、ホワイト、グリーンなどがある。

ラグラス
約40cm

ネコジャラシのようなふわふわな穂が特徴。ナチュラルな雰囲気のデザインにしたいときにおすすめ。

ティーツリー
約50cm

小さいながらビビッドな発色で差し色に重宝する。シャープな葉が大人っぽいデザインとマッチする。

スイートバジル
約50cm

ナチュラルな風合いのドライフラワー。葉は壊れやすいので、花の部分を使うのがおすすめ。

スモークツリー
約50～55cm

名前の通り、煙のような花が特徴。オイルに入れると花がふわふわ揺れて幻想的になる。

カスミソウ
約40cm

シンプルでほかの花と合わせやすい名脇役。花の大きさや色数が豊富で、ラメがかかっているものもある。

クルマバナ
約30cm

ポンポンとついた小さな花が可愛らしい印象。鮮やかな色の花と合わせるサブとして重宝する。

実もの・その他

いつもと違うハーバリウムにしたいとき、実ものを入れてみましょう。デザインのアクセントになり、程よい個性を出してくれます。

モス

ビンの底に敷いて長い茎を固定するのに便利。ほかにもオレンジ、グリーン、レッドなどがある。

ミニツガ
約1～1.7cm

小さな松ぼっくりのような形が可愛らしい。これを加えるだけで冬っぽいムードを演出できる。

ペッパーベリー
25～30cm

メインでもサブでも使えるハーバリウムで人気の素材。アイボリー、ピンク、パープルなど色数も豊富。

フラワーコーン
約2cm

花のような形をした華やかな実もの。色数が豊富で、ポップなデザインにしたいときにおすすめ。

葉もの

主役の花を上手にサポートしてくれる葉もの。
フレッシュ、ナチュラル、アンティークなど、作りたいイメージを想像して選びましょう。

ユーカリ
約50cm

渋めの茶褐色で大人っぽいデザインと相性◎。シルバー加工のものはオイルに入れると深緑になるので要注意。

ワイヤープランツ
約40〜60cm

つるが柔らかく、S字を描くようにビンに入れるとより美しい。葉が取れやすいので取り扱いに注意が必要。

アスパラ・スプリンゲリー
約40〜50cm

細くてフレッシュなグリーンが元気なイメージを与え、差し色に使いやすい。ほかにライムグリーンもある。

ルスカスガーデン
約30〜40cm

南国をイメージさせるフレッシュで鮮やかなグリーンが印象的。オイルに入れると葉脈が透けて美しい。

ポプルス
約60cm

白っぽい色の葉もの。オイルに入れると葉脈だけが残る。メインの花を引き立てるサブとして重宝する。

ルナリア
約70〜75cm

ポテトチップスのような葉の形が個性的で、メインで使っても存在感がある。ドライなので柔軟性はない。

小葉ユーカリ
約60cm

ユーカリよりも小さく、ナッツのような葉が特徴。少し硬めだがプリザーブドなので柔軟性はある。

スケルトンリーフ
約5.5〜7cm

名前の通り、葉脈だけが透けている葉もの。メインの花をさりげなく引き立てる。ほかにもカーキや白がある。

オレガノ・サンタクルーズ
約50cm

丸みを帯びた紫がかった葉が女性らしい印象。ドライなので柔軟性はない。アンティークなデザインにも◎。

フィビキア
約50cm

パステルカラーで丸い形の葉がポップなデザインとマッチする。ほかにピンク、グリーン、ホワイトがある。

トータムフィーメイル
約30〜35cm

先に松ぼっくりがついたような葉が特徴。個性的なデザインや男性的なデザインにしたいときにおすすめ。

ピトスポラム
約50cm

葉や茎が柔らかく、扱いやすい。曲げやすいので、ほかの花と一緒にブーケを作るときに便利。

Chapter 1

ベーシックな
ハーバリウム

オイルが光を集めてキラキラと輝き、置くだけで部屋が華やぐハーバリウム。
ここでは、花材とオイルのみを使った基本的な作り方をご紹介します。
使用するオイルは、流動パラフィンとシリコンオイルのどちらでもかまいません。
お気に入りの花材を手に入れたら、さっそく作ってみましょう。

ハーバリウム
基本の作り方

まずは花1種類のみを使った、
ごく簡単なハーバリウムの作り方を紹介します。
花の長さを変えて2、3本入れることで、
シンプルながらもラグジュアリーな仕上がりに。

材料

- ビン（円柱 200mℓ）
- オイル 約200mℓ

分量について
オイルやワックスの分量は、使う花材の大きさやワックスを切る大きさ、詰め方によって異なります。目安として参考にしてください。

花材

- ヘリクリサム

用具

- 基本の用具（P.10参照）

作り方

1 ビンの大きさに合わせて、花材を切る。

2 見せ方を考えながら、1本ずつ長さを調整する。余分な葉を間引く。

3 短いほうから順にビンに入れる。

4 花材どうしが引っ掛からないよう、ピンセットで位置を調整する。

5 オイルをビンの首下まで注いで、ふたを閉める。

できあがり

たくさん詰め込んでカラフルに

～フルーツのカラフルボトル～

スタッキングできるボトルには、
ドライフルーツなど
ナチュラルな素材がお似合い。
たくさん詰め込んで重ねれば、
にぎやかで楽しげな
ハーバリウムの完成です。

材料

- ビン（スタッキングボトル 180㎖）
- オイル 約180㎖

花材

- フラワーコーン（グリーン）
- アジサイ
  （グリーン、イエロー、
  ライトイエロー、セージグリーン）
- ドライフルーツ（ゆず、りんご）

用具

- 基本の用具
- カッターナイフ
- カッターマット

作り方

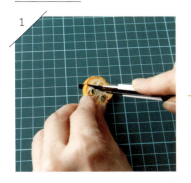

1. ドライフルーツをカッターナイフでビンに入る大きさに切る。

2. ドライフルーツを入れ、その後ろにアジサイを入れ、ガラス面に押しつける。

3. フラワーコーンやアジサイを詰め込む。

4. ピンセットで花材の位置を調整する。

5. オイルをビンの首下まで注いで、ふたを閉める。

できあがり

モスを敷いて
お花を
まとめる

～ガラスの中の小さな庭園～

細長い花はモスに挿して固定すれば、
ビンの中で倒れたりせず、
適度な空間を保つことができます。
まるでお庭に咲く
小花たちをそのまま
詰めたような仕上がりに。

材料

- ビン(太い円柱 200mℓ)
- オイル 約200mℓ

花材

- スターフラワー(ビビッドピンク)
- モス(赤紫)
- ティーツリー(モーブ)
- カスミソウ(ピンク×ホワイト)

用具

- 基本の用具

作り方

1

花材の見せ方を考えながら、高低差をつけて切る。

2

モスをビンの底に敷く。

3

花材を低いほうから順にモスに植えつけるように入れる。

4

ピンセットで花材の位置を調整する。

5

オイルをビンの首下まで注いで、ふたを閉める。

できあがり

花束を閉じ込める
～Especially for you～

お花を一つ一つ編んだブーケを丸ごとビンに閉じ込めてみました。
ビンの口よりも大きなブーケを入れて不思議な存在感を出しています。

材料

- ビン（六角柱 200㎖）
- リボン 20㎝
- ワイヤー（太さ♯28）30〜40㎝
- オイル 約200㎖

花材

- イクソディア（ホワイト）
- イモーテル（ブルーグリーン）
- ヘリクリサム（ピンク）
- ミニアキレア（ホワイト）
- スターフラワー（バイオレット）
- ピトスポラム（ウォッシュイエロー）
- アマレリーフラワー（イエロー）

用具

- 基本の用具

作り方

1 / ピトスポラムの枝の先端部分にワイヤーを一巻きする。ワイヤーの先端は、巻きつけたワイヤーの下にくぐらせる。

2 / 小花たちをピトスポラムの枝に沿わせ、ワイヤーで巻いていく。ヘリクリサムをつけるとビンの口を通らないので、後からつけるすき間をあけておく。

3 / ②の下にも花材を沿わせて巻き、巻きはじめから7㎝くらいの長さになったらワイヤーを切って、先端を巻きつけたワイヤーの下にくぐらせる。

4 / 裏返して、ワイヤーが見えているところを隠すように、ピトスポラムの葉を接着剤でつける。

5 / 軸にしていた枝にも葉を何枚か巻きつけて接着剤で留める。

6 / リボンを結んで、接着剤で固定し、ビンの中に入れる。

7 / 接着剤をつけたヘリクリサムを落とさないように入れ、②であけていたところに設置する。

8 / 接着剤が乾いたら、オイルをビンの首下まで注ぎ、ふたを閉める。

できあがり

お花を大きく美しく見せる

～バラとアジサイのしつらえ～

球体のビンを使って中に入れたお花を
大きく華やかに演出しましょう。
コロンとしたビンに
お行儀よく座った白いバラや
同系色のお花のリボンで
大人かわいい雰囲気に。

材料

- ビン（猫ビン 180㎖）
- オイル 約180㎖
- リボン 適宜

花材

- アジサイ（スカーレット）
- バラ（ホワイト）
- カスミソウ（シルバー）

用具

- 基本の用具

作り方

1 アジサイは、程よい分量を切り取る。枝を束ね、ねじって接着剤で留める。

2 不要な茎を切り、花びらだけのまとまりにする。

3 バラのがくと茎を切り取る。こうすることで、ビンの中でバラを開かせることができる。

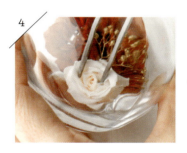

4 花材をビンの中に入れ、ピンセットで位置を調整する。バラは花びらをピンセットで開かせる。

5 オイルをバラが浸るくらいまで注ぎ、バラの花びらをピンセットでやさしく開き、中の空気を追い出す。

6 オイルをビンの首下まで注ぎ、ふたを閉める。

できあがり

Point

ビンの中でバラを傷つけないようにやさしく開いてあげましょう。空気が入っていると浮き上がってくるので、しっかり空気を出すことが花を美しく見せるコツ。

Chapter 1 ベーシックなハーバリウム

お花以外の
ものを使って
ハーバリウムに
バリエーションを

ボトルに入れる素材は
お花だけとは限りません。
使わなくなったチャームや古い切手など、
身近な素材を使って
自分だけのオリジナルハーバリウムを
作ってみませんか。

Herbarium × Glass Doll

ガラスの
ドールで
可愛らしく

不透明なガラスの子犬を、ダリアの上に立たせてみました。周りにクリスパムなどの小花を置いたら、お花畑で遊んでいるような、物語の1ページになります。

Herbarium × Shell and sand

貝殻と砂で
夏の海を
イメージ

小さい貝殻もハーバリウムにぴったりの素材です。波をイメージした白と青のカラーサンドの上に、クリスパムの枝やカスミソウを珊瑚や海藻に見立てました。

外国の切手で
おしゃれに
アレンジ

使用済みの切手をポプルスの葉に貼りつけ、ティーツリーの花を添えました。ポプルスの葉は、オイルに浸けると葉脈が残り、カラフルな切手の模様を引き立ててくれます。

ゴールドの
チャームで
シックに

使わなくなったアクセサリーチャームも立派な材料になります。ここではエッフェル塔のチャームを主役に秋のパリを演出。小枝がシックで大人っぽい雰囲気を引き立てます。

Chapter 2

色や素材を自由に楽しむハーバリウム

この章では、ワックスや染料を使った、
ハーバリウムの応用テクニックをご紹介します。
ハーバリウムに色をつけたり、お花を浮遊固定させたり、
パールを浮かせてみたりと、プラスαのテクニックで、
デザインの幅がグンと広がります。

追加で準備するもの

この章からは新たに、ワックス材料を使うことによって、通常の作り方では不可能な「空間をあける」「パールを浮かせる」「2色の層にする」といったデザイン技法を取り入れます。

追加で揃える用具

IHコンロ
量販店などにある家庭用のIHクッキングヒーター。

温度計
ワックスを高温で溶かすため、200℃まで測れるものを用意する。

混ぜ棒
ワックスを混ぜながら溶かすときに使用する。

ホーロー鍋
ワックスを加熱するときに使用する。IH対応であれば、ホーローでなくてもOK。

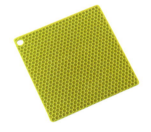

鍋敷き
熱した鍋をいったん置くときに使用する。

デジタルスケール
ワックスの分量を量るときに使用する。

材料

ゼリーワックス 融点72℃
流動パラフィンに樹脂を混ぜて作られたゼリー状のワックス。表面はベトベトした感触で、弾力がある。熱すると液体になる。

ゼリーワックス 融点115℃
融点の高いゼリーワックス。表面にベたつきはなく、弾力のあるグミのような感触。熱すると液体になるが、溶けにくいので注意が必要。

染料
キャンドルの色づけに使う油溶性の染料。カッターナイフで削り、ワックスと一緒に溶かして着色する。

ワックスとオイルの組み合わせ

ワックスとオイルの組み合わせ次第で、着色したワックスの色のにじみ方や、屈折率による境界線の見え方の違いが出てきます。これが技法のベースとなるので参考にしてください。

	流動パラフィン350 × ゼリーワックス融点72℃	流動パラフィン350 × ゼリーワックス融点115℃	シリコンオイル × ゼリーワックス融点72℃	シリコンオイル × ゼリーワックス融点115℃
境界線	ぼやける	ややぼやける	くっきり	かなりくっきり
色の流出	出る	出にくい	出ない	出ない
ポイント	ワックスの色は約1週間で流出する。オイルとワックスの屈折率が近いので、境界線は見えない。	染料によっては色が出ることもある。オイルとワックスの屈折率が近いので、境界線はぼやける。	異素材のオイルとワックスは色が流出せず、境界線もくっきり出る。比重の違いで、ワックスは浮く。	もっとも境界線がくっきりと出る。色は流出せず、比重の違いにより、ワックスは浮く。
向いている作品	花を固定するためのワックスの境界線を隠したいときや、空間をあけたデザインのとき。(P.42、48など)	ワックスにつけた色の流出を防ぎ、空間をあけたデザインにしたいとき。(P.44)		ワックスにつけた色の流出を防ぎ、くっきりとした色の境目を見せたいとき。(P.38、58)

ワックスの溶かし方

ゼリーワックスは一般的にキャンドル作りに使われる材料です。
融点が高く、熱しすぎると引火する恐れがあるため、溶かすときは注意が必要です。

1 ワックスをハサミで切る

ワックスの固まりを1〜2cm角にハサミで切って鍋に入れる。小さく切ることで溶けやすくなる。

2 弱火でゆっくり加熱する

火力が強いと煙が出るので、弱火でゆっくり溶かす。溶けにくいので、そばを離れず、混ぜ棒で混ぜながら溶かす。

3 温度計で測りながら溶かす

ある程度溶けたら、温度を測る。引火の恐れがあるため、140℃以下にする。溶け残りは、余熱で溶かすこと。

2層のハーバリウム①
下に色をつける
～ウサギの棲む小さな森～

面の広いウイスキーボトルを小さなステージに見立て、物語風に仕上げました。
アジサイの陰からぴょこんと顔を出したウサギがなんとも愛くるしい。

材料

- ビン(ウイスキーボトル 180mℓ)
- ゼリーワックス 融点115℃ 約60g
- 染料(セージグリーン、コバルト)
- 紙に印刷したウサギ
- シリコンオイル 約150mℓ
- ワイヤー
- シルバーラメ

花材

- アマレリーフラワー(イエロー)
- アジサイ(ブルーグリーン)
- カスミソウ(イエローグリーン)
- クリスパム(ホワイト、イエロー)
- ラグラス(ホワイト、ピンク)

用具

- 基本の用具
- カッターナイフ ・ 千枚通し
- 追加で揃える用具(P.36参照)

作り方

1 細かく切ったワックス60gをホーロー鍋に入れ、IHコンロの弱火で溶かす。

2 シルバーのラメを入れ、セージグリーンとコバルトの染料で色づけする。

3 140℃になったら、底から1〜1.5cmくらいの高さまでビンに流し入れ、ねっとりしてくるまで待つ。

4 アマレリーフラワーを束にして、ワックスが柔らかいうちに挿す。同様にほかの花材も配置する。

5 印刷されたウサギの下部に千枚通しで穴をあけ、ワイヤーを取りつける。

6 ビンの中に入れ、アジサイの上からワイヤーをワックスに挿す。

7 オイルをビンの首下まで注ぎ、ふたを閉める。

できあがり

Point

ワックスの分量は、注いでいるうちに鍋で固まることを想定し、使う分量よりも多めに溶かします。オイルに色が溶け出さないようにワックスは115℃、オイルはシリコンオイルを使用。

Chapter 2 色や素材を自由に楽しむハーバリウム

2層のハーバリウム②
上に色をつける
～色で遊ぶダリアのカラーボトル～

ボトルの上層に色をつけることで、陽の光がカラフルな影を落とします。
色違いで作って並べると可愛さもアップします。

材料

- ビン（円柱100㎖）
- オイル（流動パラフィン）約50㎖
- エタノール 約40㎖
- 水性染料
- ゼリーワックス融点72℃ 約50g

花材

- ミニダリア（ピンク）

用具

- 基本の用具
- 紙コップ
- 追加で揃える用具

Chapter 2　色や素材を自由に楽しむハーバリウム

作り方

1　
IHコンロの弱火でワックス50gを溶かす。

2　
100℃になったら、ビンの底から0.5cmくらいまで注ぐ。

3　
ミニダリアをビンに入れ、ピンセットで向きを整え、ワックスで固定する。

4　
残りのワックスをダリアにかけるようにして注ぐ。かかっていない部分がないようにする。

5　
オイル50㎖をビンに注ぐ。

6　
紙コップにエタノール40㎖を量り、水性染料を数滴たらし、好みの色にする。

7
⑥をビンの首下まで注ぎ、ふたを閉める。

できあがり

Point

ワックスは少量だけを熱すると煙が出て危険なため、使う分量よりも多めに溶かします。エタノールに花が触れると脱色するため、④で花をワックスでしっかり覆うのが、きれいに仕上げるポイントです。

自由自在に
空間をあける
～光の通り道～

オイルだけだと沈んでしまう花を、
ふわふわと浮遊させてみましょう。
花の間に空間ができ、
たくさんの光を通すことで、
よりいっそう花が美しく輝きます。

材 料

- ビン（円柱200ml）
- ゼリーワックス融点72℃ 70～100g
- オイル（流動パラフィン）約100ml

花 材

- イモーテル（ピンク、ブルー）
- ヘリクリサム（ピンク、イエロー）

用 具

- 基本の用具
- デジタルスケール

作り方

1. ワックスを2cm角くらいに切っておく。

2. ①のワックスを2個ほどビンに入れ、その上にヘリクリサムを入れる。

3. さらにワックスを2～3個入れ、ヘリクリサムを入れる。ワックスを入れた部分がオイルを注ぐと空間になる。

4. 次に、イモーテルを束で切り取り、茎を接着剤でまとめる。

5. さらに、ワックスを2～3個入れ、④のイモーテルを入れる。

6. これを繰り返す。ワックス→花材の順番で詰める。

7. オイルをビンの首下まで注ぎ、ふたを閉める。

できあがり

Point

花が左右交互になるようにワックスの位置を調整するときれいに仕上がります。ワックスの大きさによって入れる数は異なるので、様子を見ながら詰めていきましょう。

オイルに色を散らす
～黄昏時の木陰の下で～

ワックスと染料を使って、ボトルの中で色を浮遊させることができます。
さりげなく入ったゴールドのラメで、
木漏れ日のきらきらしたイメージを演出しました。

材料

- ビン（マーメイド形 200mℓ）
- 染料（アイボリー）
- ゼリーワックス融点115℃ 約50g
- ゼリーワックス融点72℃ 70〜100g
- ゴールドラメ ・リボン 50cm
- オイル（流動パラフィン）約100mℓ

花材

- ルナリア

用具

- 基本の用具
- アルミのバット（約5×3×3cm）
- 追加で揃える用具
- カッターナイフ

作り方

1/ ワックス融点115℃を50g量り、細かく切ってIHコンロの弱火で溶かす。

2/ アイボリーの染料を削り入れて着色し、ゴールドのラメを入れる。

3/ 140℃くらいでアルミのバットに注ぐ。

4/ 固まったら取り出し、ハサミで1cm角くらいにランダムに切る。

5/ 別に用意しておいたワックス融点72℃を2cm角くらいに切っておく。

6/ ルナリアにリボンをふんわり巻きつける。枝の間に引っ掛けながら巻くと外れにくい。

7/ 巻きつけたリボンの下側の端を枝に接着剤でつける。上端は枝の間に引っ掛けておく。

8/ ⑤で切っておいたワックスと④のワックスをビンの3分の1の高さまでランダムに入れる。

9/ ⑦のルナリアをビンに入れる。

10/ ルナリアとビンのすき間に2種類のワックスをランダムに入れていく。

11/ オイルをビンの首下まで注ぎ、ふたを閉める。

できあがり

文字を浮かせる
~ Message in a bottle ~

好きな文字を浮かべたメッセージ入りのハーバリウム。
カーネーションの花びらやカラーサンドで立体感を出しましょう。

材料

- ビン（円角柱 150㎖）
- 文字シール
- プラ板（厚さ0.03㎜）
- オイル 約150㎖
- カラーサンド（ピンク）

花材

- カーネーション
  （ホワイトレッド、ブルーパープル）

用具

- 基本の用具
- カッターナイフ
- カッターマット ・ ものさし
- セロハンテープ
- コピー用紙 ・ ボールペン

Chapter 2 色や素材を自由に楽しむハーバリウム

作り方

1
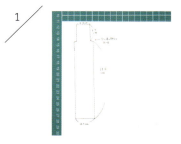
ビンの大きさに合わせてものさしで測りながらコピー用紙に下絵を描く。

2

プラ板の上に①の下絵を置き、セロハンテープで留める。

3

カッターナイフで下絵ごと切り取る。

4

カーネーションの花びらを切る。

5

③で切り取ったプラ板に、文字と花びらを接着剤で貼っていく。

6

ビンの中にプラ板を入れる。プラ板がビンの中央にくるように設置する。

7

カラーサンドを適量入れる。

8
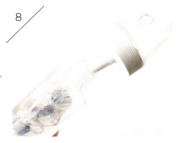
オイルをビンの首下まで注ぎ、ふたを閉める。ビンを傾け、カラーサンドを平らに移動させる。

できあがり

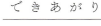

らせんに舞う花びら

～花びらのロンド～

らせんを描いて舞い踊る花びらたちには、
大きなボトルで広めの舞台を用意してあげましょう。
何色のドレスにしようかワクワクしますね。

材料

- ビン（樽形 500㎖）
- ゼリーワックス融点72℃ 約400g
- ビーズ
- オイル（流動パラフィン）約200㎖

花材

- アジサイ（赤紫、オレンジイエロー、パープル）
- イモーテル（イエロー、ピンク）
- カスミソウ（レッド）

用具

- 基本の用具
- バット（30×10×1.5cm）
- 追加で揃える用具

作り方

1. アジサイとイモーテルは茎の部分を切り離しておく。カスミソウは2cmくらいの小枝に切っておく。

2. ワックス200g程度をIHコンロの弱火で100℃に溶かす。

3. バットに厚さ3㎜ほどになるように流す。

4. ①のアジサイをワックスの上に2cm以下の幅で貼りつけていく。

5. カスミソウをアジサイの下のワックスに5カ所くらい挿す。

6. イモーテルとビーズをワックスに3～4カ所貼りつける。

7. 鍋に残ったワックスを再度100℃に溶かし、花材やビーズの上に薄くかける。

8. ワックスがしっかり固まったら、バットからゆっくり剥がし、裏返しにする。

9. 裏側にも、①のアジサイを貼りつけていく。

10. カスミソウをアジサイの下のワックスに3カ所くらい挿す。

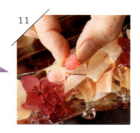

11. イモーテルをワックスに3～4カ所貼りつける。

12. 鍋に残ったワックスを再度100℃に溶かし、花材の上にかけて固定する。

13
バットから剥がし、幅が2cm以下になるように花の帯の際をハサミで切っていく。

14
花の帯を3：2に分けて切る。

15
オイルを裏表に少量かけてぬめらせる。

16
溶かしていないほうのワックス200ｇを2cm角に切ってビンに10個ほど入れる。

17
⑮の短いほうをゆっくりビンの中に入れていく。

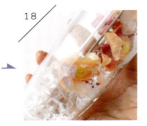

18
全部入ったら、ピンセットでらせんを描くように設置する。

19
それだけだと全体が沈んでしまうので、さらに切っておいたワックスをすき間を埋めるように詰めていく。

20
ワックスで花の帯を支えるようにピンセットで配置する。

21
⑮の長いほうの花の帯を入れる。

22
らせんを描くように配置する。

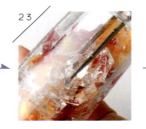

23
さらに2cm角に切ったワックスを詰め、すき間を埋める。

24
オイルをビンの首下まで注ぎ、ふたを閉める。

できあがり

Point

花材をたくさんつけすぎるとビンに入らなくなるので、盛りすぎないように注意。らせんを描くのが難しい場合は、⑲でオイルを少しずつ入れ、浮力をつけながら調整しましょう。

パールと
ラメを浮かせて
〜木の葉のしずく〜

ボトルに浮かべたパールが、
木の葉から落ちてくる朝つゆのような、
女性らしい凛とした美しさのハーバリウム。

Chapter 2 色や素材を自由に楽しむハーバリウム

材料

- ビン（六角柱 200mℓ）
- パール
- ゼリーワックス融点72℃ 約200g
- オイル（流動パラフィン）約100mℓ

花材

- アーティフィシャルフラワー（葉もの）
- カスミソウ（シルバー）

用具

- 基本の用具
- バット（15×12×1.5cm）
- 追加で揃える用具
- 竹串

作り方

1 ホーロー鍋にワックスを100g程度入れ、IHコンロの弱火で100℃に溶かす。

2 バットに厚さ5mmくらいにワックスを流す。

3 ワックスが固まってきたら、パールを1.5cmくらい間隔をあけて並べる。

4 残りのワックスを100℃に再加熱し、パールが被るくらいまで注ぐ。

5 固まったら、竹串などで周りから剥がし取る。

6 1つ1つ、パールを中央にしてワックスを1.5cm角くらいに切る。

7 溶かしていないほうのワックスを2cm角に切ってビンに入れ、その間に⑥のパールを入れる。

8 これを繰り返して、底から5cm程度の高さまで詰める。

9 アーティフィシャルフラワーの葉をビンに入れる。

10

アーティフィシャルフラワーとビンの間を埋めるように、2cm角のワックスと⑥のパールを入れる。

11

これを繰り返して、ビンの4分の3くらいの高さまで入れる。

12

シルバーのカスミソウを下向きに入れる。

13

すき間を埋めるようにワックスをビンの肩の高さまで入れる。

14

オイルをビンの首下まで注ぎ、ふたを閉める。

できあがり

オイルに色をつけられる？

2章では、ワックスやエタノールに着色する技法をご紹介しました。
オイルにもワックスと同じようにキャンドル用の油性染料で色づけが可能です。

カラーオイルのハーバリウム

作り方

① 鍋にオイル（流動パラフィン）を入れて、IHコンロの弱火で60℃に加熱する。
② 好みの染料をカッターナイフで削り入れ、混ぜる。
③ ビンに好みの花材を入れる。
④ 2のオイルが冷めたらビンの首下まで注ぎ、ふたを閉める。

着色が濃いと中の花が見えにくくなるので、染料は少なめにするのがコツです。

Chapter 3

季節を彩る ハーバリウム

中に入れる花材によって、
四季折々の表情を見せてくれるハーバリウム。
この章では、季節を彩るイベントをテーマに、
これまでの技法を使ったハーバリウムをご紹介します。
枯れる心配もないので、贈り物にも喜ばれそう。

和 ～和の彩り～

和を彩るハーバリウムは、
枝や葉ものをバランスよく
あしらうのがポイント。
紅白、黄や紫を取り入れると
美しい日本の趣が広がります。

材料

- ビン（電球形 200mℓ）
- ゼリーワックス融点72℃ 約150g
- ゴールドラメ
- 水引玉結び（大・小）
- オイル（流動パラフィン）約100mℓ
- リボン 適宜

花材

- アナスタシア（イエロー）
- ペッパーベリー（レッド）
- ネコヤナギ

用具

- 基本の用具
- 追加で揃える用具

作り方

1 ワックス100gを2cm角に切っておく。IHコンロの弱火で残りのワックス50gを100℃に溶かす。

2 ①で溶かしたワックスにゴールドラメを加えて混ぜ、ビンに流し入れる。

3 ワックスが固まらないうちにアナスタシアを入れて固定する。

4 ネコヤナギをワックスに挿す。

5 水引玉結びを入れて、浮いてこないように①で切っておいた2cm角のワックスを詰める。

6 ペッパーベリーを入れる。

7 オイルをビンの首下まで注ぎ、ふたを閉める。好みでビンの首にリボンを巻く。

できあがり

Point

電球形のビンは底面が広いので、大ぶりの花も映えます。ネコヤナギは取れやすいので取り扱いには注意してください。

Chapter 3 季節を彩るハーバリウム

バレンタイン

〜 恋 す る レ モ ン の ハ ー バ リ ウ ム 〜

チョコレートもいいけど、今度のバレンタインは
ハーバリウムを作ってみてはいかがでしょう。
淡いピンクのグラデーションやハート形のレモンで
ピンクレモネードのような甘酸っぱさを演出。

材料

- ビン（ハート形 200㎖）
- ゼリーワックス融点115℃ 約60g
- ワイヤー（太さ#28）
- リボン 25㎝
- 染料（オーキッド）
- シリコンオイル 約170㎖

花材

- アジサイ（ホワイト×ピンク）
- モリソニア（ピンク×グリーン）
- アグロスティス（オフホワイト）
- ハートのレモン

用具

- 基本の用具
- 追加で揃える用具
- カッターナイフ

作り方

1 IHコンロの弱火でワックス60gを140℃に溶かす。

2 オーキッドの染料を入れ、底から3㎝くらいの高さまでビンに注ぐ。

3 レモンとアジサイをビンに入れ、アジサイでレモンを後ろから押しつけるようにしてビンの前面に配置する。

4 モリソニアにアグロスティスを沿わせ、ワイヤーで一巻きする。ワイヤーを切り、先端を巻きつけたワイヤーに差し込む。

5 さらにモリソニアを前、アグロスティスを後ろに沿わせ、ワイヤーで一巻きする。

6 ⑤を繰り返し、巻きはじめから12㎝くらいの長さになったらワイヤーを切り、先端を巻きつけたワイヤーに差し込む。

7 ワイヤーから1.5㎝くらい下で茎を切る。

8 モリソニアを一束とり、茎でワイヤー部分を隠すように、一巻きする。

9 巻きつけたモリソニアを接着剤で固定する。上下逆さまにし、固定した箇所にリボンを結ぶ。

10 ⑨をビンの中に入れる。

11 オイルをビンの首下まで注ぎ、ふたを閉める。

できあがり

母の日
~ My love for Mom ~

いつまでも女性らしく
輝いていてほしいから、
赤いブーケと
パールで華やかに。
普段はなかなか言えない
「ありがとう」の
メッセージとともに
届けましょう。

材 料

- ビン（四角柱 200ml）
- ゼリーワックス融点72℃ 約180g
- ワイヤー（太さ#28）
- パール
- リボン 20cm
- オイル（流動パラフィン）約100ml

花 材

- カーネーション（レッド）
- ワイヤープランツ
- ピトスポラム（ウォッシュイエロー）
- スターフラワー（レッド）

用 具

- 基本の用具
- グルーガン
- クッキングシート
- 竹串
- バット（5×3×3cm）
- 追加で揃える用具

作 り 方

1

52ページの要領で、ワックス30g程度で固めたパールを作る。ワックス100gは2cm角に切っておく。

2

カーネーションのがくから下を切り取る。

3

グルーガンで花びらの後ろをまとめ、クッキングシートの上に置く。これを2輪作る。

4

残りのワックス50gを100℃に溶かし、ビンに1cmほど注ぐ。

5

③のカーネーションを1輪入れ、ワックスに固定する。

6

①で作っておいたパールと2cm角のワックスをビンの底から3cmほどの高さまでランダムに詰める。

7

スターフラワーとピトスポラムをブーケ状にし、ワイヤーで2巻きする。リボンで結び、ビンに入れる。

8
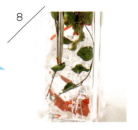
ワイヤープランツをビンの背面に沿わせるようにすき間に入れ込む。

9

さらに2cm角のワックスとパールを3cmほど詰める。

10

③のカーネーションを入れて、位置を調整する。

11

オイルをビンの首下まで注ぎ、ふたを閉める。

できあがり

夏
～夕涼み～

ブルー系でまとめたアジサイを、
シーグラスとともに
ストライプボトルに入れました。
夏の窓辺に並べて
涼しげな光を楽しみましょう。

材料

- ビン（ストライプの円柱 200㎖）
- シーグラス
- チェコビーズ
- ゼリーワックス融点72℃ 70〜100g
- オイル 約100㎖

花材

- アジサイ（ホワイトブルー、ホワイト）

用具

- 基本の用具
- デジタルスケール

作り方

1. シーグラスとチェコビーズをビンに入れる。

2. 2cm角にワックスを切って、ビンに4個ほど入れる。

3. アジサイの不要な茎を切って、ビンに入れる。

4. さらに、2cm角に切ったワックスをビンに4個ほど入れる。

5. これを繰り返し、ビンの上まで入れる。

6. オイルをビンの首下まで注ぎ、ふたを閉める。

できあがり

Point

ここではあえて、ストライプのビンを使ってみましょう。屈折が多くなり、中身の花材などは輪郭がはっきりしなくなりますが、空間をあけることによって、光が面白い方向に拡散し、涼しげな印象を与えます。

クリスマス

～雪降る夜のクリスマス～

台形のボトルや雪に見立てたチェコビーズがスノードーム風なハーバリウム。
小さなツリーを作りながら、思わずクリスマスソングを口ずさんでしまうかも。

材料

- ビン（台形 200㎖）
- チェコビーズ
- 星のパーツ
- 粒々のビーズ ● ワイヤー
- ゴールドのリボン 25㎝
- ゴールドラメ
- ゼリーワックス融点72℃ 約100g
- オイル（流動パラフィン）約100㎖

花材

- ソフトヒムロスギ
- ミニツガ（レッド）
- スターフラワー（レッド）
- カスミソウ（シルバー、ホワイト）
- 小枝 ● タマラックコーン

用具

- 基本の用具
- グルーガン
- 追加で揃える用具

作り方

1 ソフトヒムロスギをツリーの形になるようにハサミで整える。

2 グルーガンで星のパーツをツリーの頭頂につけ、ゴールドのリボンを巻き、グルーガンで固定する。

3 スターフラワーは茎を切り、カスミソウは小枝に切ってそれぞれグルーガンで数カ所つける。

4 IHコンロの弱火でワックス50gを100℃に溶かし、ゴールドのラメを加えて、底から2㎝くらいの高さまでビンに注ぐ。

5 ツリーをワックスに挿して固定する。

6 ワックスが固まったら、ミニツガやチェコビーズ、小枝、タマラックコーンをツリーの足元に設置する。

7 残りのワックスを2㎝角に切って、ツリーの上まで入れる。

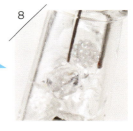

8 粒々ビーズをワックスの間に置く。⑦と⑧を繰り返し、ビンの首下まで詰める。

9 オイルをビンの首下まで注ぎ、ふたを閉める。

できあがり

Point

ツリーはビンの中に入れると、思った以上に枝が密集してしまいます。ビンに入れる前にあらかじめ枝を間引いて、すっきりさせておきましょう。

Chapter 4

ハーバリウムをもっと楽しむアイデア集

キャンドルやアクセサリー、フレグランスオイルなど、
ハーバリウムを実用的なアイテムに変身させてみませんか。
インテリアとしてだけではない、ハーバリウムの新しい楽しみ方が見つかりそうです。

キャンドル

ゼリーワックスにキャンドル芯を挿せば、
灯りも楽しめるハーバリウムに。
火を灯すとグラス全体が輝き、
太陽の下とは違った温かい表情を見せてくれます。

材料

- グラス(大・小)
- キャンドル芯(直径4cm用)
- ゼリーワックス融点72℃ 約330g
- 染料(ターコイズ)

花材

- アジサイ（オレンジイエロー、ライムブルー）
- カスミソウ（ホワイト）

用具

- 基本の用具
- カッターナイフ
- 竹串 ・ 割り箸
- 追加で揃える用具

作り方

1 IHコンロの弱火でワックス30gを100℃に溶かす。

2 ターコイズの染料を削って色づけし、小さいグラスに流す。

3 半分固まったら竹串で穴をあけ、蝋引き（※）した芯を挿す。

4 しっかり固まるまで割り箸に挟んで固定する。

5 小さいグラスを大きいグラスの中央になるように設置する。

6 大小のグラスのすき間に花材を入れていく。

7 IHコンロの弱火で残りのワックスを85〜90℃に溶かし、花と花のすき間から流し入れる。

8 仕上げにアジサイをのせる。

できあがり

※蝋引きとは：キャンドル芯は、一度溶かしたロウに浸し、キッチンペーパーなどに挟んでしごき、余分なロウを落としておきます。

ランプ

オイルランプに花材を入れて、
ハーバリウムのランプにしてみましょう。
外国風のランプに火を灯して、
いつもと違う空間を楽しんで。

材料

- ランプ用オイル
  約100mℓ
- ランプ

用具

- 基本の用具
- 紙コップ

花材

- シルバーデイジー（ブルー）
- カスミソウ（シルバー）
- アジサイ（ブルー）

作り方

1

シルバーデイジーとカスミソウをガラス面に押しつけて後ろにアジサイを入れる。

2

ランプ用オイルをビンの肩下まで注ぐ。

3

ランプ芯を花材の中に隠すように入れてふたを閉める。

できあがり

※ランプの容器や芯は、火をつけるので専用のものを用意しましょう。芯の長さの調節などは、購入時の説明書に従ってください。

ピアス

ガラスドームにお花を閉じ込めて、
ハーバリウムをピアスにアレンジ。
あまり詰め込みすぎないでゆらゆら
ドームの中で揺れるお花を楽しみましょう。

材料

- ガラスドーム（直径1.6cm）
- ドーム用ピアス金具
- ゴールドブリオン
- オイル 少量

花材

- スターフラワー（オレンジ）
- クリスパム（イエロー）
- カスミソウ（シルバー）

用具

- 基本の用具
- スポイト

作り方

1
ガラスドームにゴールドブリオンと花材を入れる。

2
オイルをスポイトでガラスドームの8分目まで入れる。

3
ドームの口に接着剤をつけ、金具を固定する。

できあがり

ペンダント

コルク栓の小さなビンにお花を閉じ込めてペンダントに。
フェザーグラスがオイルの中でふわふわと曲線を描き、
女性らしさを演出してくれます。

材料

- ビーズ
- オイル 少量
- コルク栓のミニビン
- ヒートン 1個
- チェーン 約60cm
- 丸カン 2個
- カニカン 1個
- アジャスター 1本

花材

- スターフラワー（パープル）
- オレガノ・ケントビューティー（パープル）
- フェザーグラス（ホワイト）

用具

- 基本の用具
- 平ヤットコ
- ニッパー
- スポイト

作り方

1. ミニビンにビーズと花材を入れる。

2. スポイトでオイルをビンの肩下まで入れる。

3. コルク栓に接着剤をつけて栓をする。

4. チェーンをニッパーで好みの長さに切る。

5. 平ヤットコを使って、チェーンとアジャスターを丸カンでつなぐ。

6. ヒートンにチェーンを通す。

7. 平ヤットコを使って、チェーンとカニカンを丸カンでつなぐ。

8. ヒートンに接着剤をつけ、コルク栓につける。

できあがり

フレグランス オイル

ワインのデキャンタに
ドライローズを敷きつめ、
アンティークの雰囲気を
演出してみましょう。
ディフューザースティックの
代わりに小枝を挿して、
ナチュラルに仕上げました。

材料

- ミニデキャンタ 500㎖
- ゼリーワックス融点72℃ 約250g
- オイル（流動パラフィン）約150㎖
- 精油
- エタノール 約100㎖

花材

- 小枝バンドル
- ドライローズ

用具

- 基本の用具
- 追加で揃える用具

作り方

1. デキャンタに花を設置する。

2. IHコンロの弱火でワックスを100℃に溶かす。

3. ②を花全体に被るようデキャンタに流す。

4. オイルを花が浸るくらいまで入れる。

5. エタノールを量り、精油を30～40滴たらす。

6. ⑤をゆっくりとデキャンタに注ぐ。

7. 小枝バンドルをデキャンタに挿す。

できあがり

Point

エタノールは花材を脱色させてしまうので、エタノールがかからないようにワックスで花材をしっかりコーティングしてください。

アロマストーン

アロマストーンとは、
石こうと水を混ぜて固め、
精油をたらして使うおしゃれな芳香剤です。
リビングやベッドサイドに
好きな香りを運びましょう。

材料

- ジャムビン 140㎖
- 絵の具 ・水 7㎖
- A級石こう 10g
- オイル（流動パラフィン）約140㎖
- ゼリーワックス融点72℃ 約50g
- ゼリーワックス融点115℃ 約50g
- 精油 ・UVレジン 約10g

花材

- 千日紅（イエロー）
- キイチゴ（アーティフィシャル）
- ピトスポラム（ウォッシュイエロー）
- ブルースター（ホワイト）

用具

- 基本の用具
- 紙コップ ・割り箸
- スプーン ・UVライト
- 追加で揃える用具

作り方

1. ワックス融点72℃を50g量り、IHコンロの弱火で100℃に溶かす。

2. ①のワックスを底から1cmの高さでビンに注ぐ。

3. 花材をワックスに挿し、オイルをビンの肩の高さまで注ぐ。

4. ワックス融点115℃を50g量り、IHコンロの弱火で140℃に溶かしたら、ビンの首下まで注ぐ。

5. ワックスが固まったら、その上にUVレジンを全面に行き渡るように入れる。

6. UVライトを照射する（※）。なければ、太陽光に当てる。

7. A級石こう10g、水7gを紙コップに量る。

8. 水に黄色の絵の具を入れて着色し、お好みの精油を4〜5滴たらす。

9. ⑧に石こうをスプーンでゆっくり入れて、石こうに水が浸透したら、割り箸で混ぜる。

10. しっかり混ざったら、ビンの口いっぱいまで流し入れ、固まるまで40分ほどおく。

できあがり

Point

④では、オイルが漏れないように、ワックス融点115℃で仮ふたをします。ワックス融点72℃でも代用できますが、115℃のほうが弾力があり、オイルが漏れにくいので、失敗が防げます。

※UVレジンは紫外線で固まる透明の液体です。UVライトを使えば10分程度で固まりますが、ない場合は、晴れた日の太陽光に30分程度当てると固まります。

ハーバリウムを贈る
ラッピングアイデア

生花と違って枯れる心配のないハーバリウムは、
プレゼントにもぴったりです。
ハーバリウムが上手に作れたら、
可愛いラッピングでドレスアップして
大切な人に贈ってみませんか。

市販の
ラッピングバッグを
デコレーション

ハーバリウム専用のラッピングバッグが花材店などで販売されていますが、プラスαでオリジナリティを出してみましょう。英文字のスタンプや麻紐、お花のマスキングテープでカジュアルに仕上げました。

ウッドボックスに
生花を添えて
サプライズ感を

黄色いスターフラワーのハーバリウムを主役に、生花は白の小さな花びらのイベリスを選び、ウッドボックスに入れました。友人宅などを訪問するときに手土産に持って行くと、きっと喜んでもらえるはずです。

フォーマルな贈答品には化粧箱とリボンでドレスアップ

結婚式や記念日のお祝いには、見栄えのする化粧箱に入れましょう。太さの違う2種類のリボンをかけることで、一段と華やかに見えます。テイストを揃えたハーバリウムを2～3本組み合わせるとセンスよくまとまります。

包装紙で包むだけの簡単ラッピング

ちょっとしたお礼のときは、包装紙でビンをそのまま包むのもおしゃれ。裏表が両方使える包装紙を使うと、上までくるまなくてもリボンで結ぶだけで素敵です。結び目に大きめの花や葉ものを巻いてアクセントに。